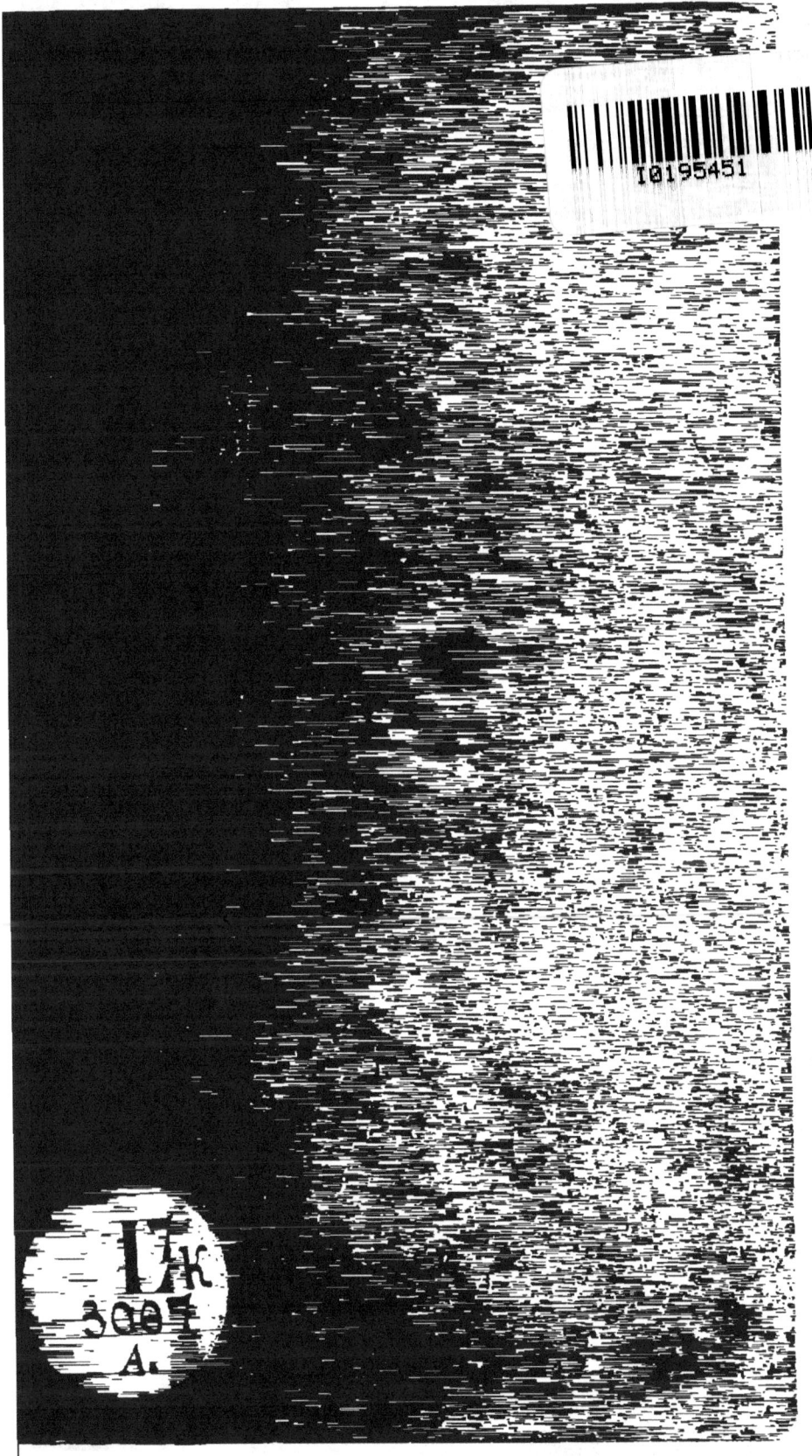

Lk 7 3007
A.

ORIGINE
DE
L'IMAGE
MIRACULEUSE
DE
NOTRE-DAME
DE GRAY.

A BESANÇON.

Chez J. Cl. BOGILLOT, Imprimeur de
la Cité Royale, grande Ruë, près le
Pont, à l'Image Saint Augustin.

M. DCC. L.
Avec Aprobation & Permission.

ORIGINE
DE L'IMAGE MIRACULEUSE
DE
NOTRE-DAME
DE GRAY.

E Comté de Bourgogne & les Provinces voisines sont témoins, que depuis plus de cent trente ans, une Image miraculeuse de la Mere de Dieu repose en la Chapelle de l'Eglise des Révérends Peres Capucins de la Ville de Gray, & que les grands concours de Peuple sont venus & viennent encore presentement porter leurs cœurs aux pieds des Autels de cette Sainte Chapelle pour implorer l'assistance de la Mere de misericorde qui s'y voit honorée dans cette miraculeuse Figure, & qui veut aussi par gratitude y faire tomber les douces & favorables in-

fluences du Ciel, qui sont les abondances de graces qu'elle reçoit de son Fils adorable, & nous y comble journellement de bienfaits. Mais auparvant que le Lecteur soit informé du détail, j'ai jugé à propos de lui faire sçavoir, d'où vient cette Image miraculeuse, la matiere dont elle est faite, qui l'a aporté dans cette Chapelle, le tems qu'elle y repose, & plusieurs autres circonstances qui en dépendent, & qui surprendront le Lecteur, & l'exciteront avec plus d'ardeur & de foi d'y venir rendre ses hommages, & d'y former tous ses vœux.

Il est suffisamment connu à tous les Dévots de la Terre, que l'on révére une Image de la Sainte Vierge depuis plusieurs années dans un chêne de la campagne voisine de la Ville de Sichem aux Pays-bas, que lon apelle présentement NOTRE-DAME DE MONTAIGU, où par fois quelques Bergers gardans leurs troupeaux venoient faire leurs petites prieres : Aussi les graces qu'ils en reçurent, attirerent les Bourgeois de cette Ville auprès de ce chêne, & vinrent rendre les hommages que l'on doit à la Mere de Dieu, mais avec tant d'ardeur & de Foi que peu de tems après le Seigneur, par les mérites de sa Sainte Mere, y opera

de Notre Dame de Gray.

tant de Miracles, qu'ils éclaterent soudain dans toute la Flandre, en telle sorte que les Peuples des Pays y accoururent, s'empreſſant d'y faire voyage : ſi bien que les graces que l'on y recevoit, s'augmentant de jour à autre, le bruit s'en répandit par toutes les Provinces voiſines, & même juſqu'au Comté de Bourgogne ; ce qui obligea une ſage & dévote femme de Salins, nommée Jeanne Bonnet, d'y faire voyage, non-ſeulement, parce qu'elle avoit accoutumé de viſiter les ſaints Lieux, mais encore par une dévotion plus particuliere qu'elle a toujours euë à la Mere de Dieu. Ce fut l'an mil ſix cent treize, qu'elle ſe mit en campagne pour aller à Montaigu, où elle demeura neuf jours entiers ; ainſi ſa dévotion finie, elle reprit par Bruxelles le chemin de Bourgogne, ſans pourtant avoir pû obtenir une piéce des branches de ce chêne, tant à cauſe qu'il étoit ſi bien gardé de toute part, & qu'il n'y avoit que les perſonnes de qualité & de crédit auſquelles l'on en donnoit des largeſſes, principalement à ceux de Bruxelles, où cette voyageuſe ſéjourna quelque tems, pendant lequel elle fit connoiſſance en la maiſon de Madame Suſanne de Billequin, épouſe de Dom Franciſque

Delbueno, Gentilhomme de la Chambre du Sereniſſime Archiduc ; ce fut dans cette maiſon, où elle obtint ce qu'elle cherchoit avec tant d'empreſſement, & reçut de cette Dame une piéce des branches de l'arbre où repoſoit cette précieuſe figure.

Ainſi ſortant de Bruxelles bien conſolée, elle paſſa à Vitry-le-Brulé, où elle coucha une nuit ſeulement dans une Hôtellerie ; cependant comme il faiſoit un froid aſſez rigoureux, cette femme après le ſoupé voulut s'aprocher du feu, où converſant avec ſon hôteſſe qui l'interrogeoit aſſez librement ſur ſon voyage, lui répondit qu'elle venoit de Montaigu, où repoſoit dans un chêne une Image miraculeuſe de NOTRE-DAME, où elle avoit auſſi trouvé une grande foule de Peuples qui y venoient rendre des vœux de toute part, & que dès-là elle étoit repaſſée par Bruxelles, où par bonheur elle avoit obtenu d'une Dame une piéce d'une branche de ce chêne, qu'elle raportoit en ſon Pays. L'hôteſſe curieuſe pria cette femme de lui laiſſer voir cette branche, ce que fit la voyageuſe avec bien du plaiſir, comme auſſi à cinq hommes ſoupans à une table dans la même chambre, dont l'un deux l'arracha de ses mains, & la jetta au feu.

Je vous laisse à penser combien cet outrage fut sensible à cette étrangere, & combien d'empressement elle aporta avec son hôtesse pour retirer cette piéce de bois du feu, où elle demeura plus de tems qu'il n'en falloit pour la brûler & la consommer entierement, à cause que ce feu étoit fortement allumé, & que l'une & l'autre de ces femmes ne trouvoient pas de quoi l'en retirer ; de maniere que cherchant de tout côté, l'hôtesse trouva derriere un coffre des pincettes dont elle se servit pour retirer cette piéce, & la remettre entre les mains de cette femme affligée, sans qu'il y parût aucune brûlure, ni noirceur, ni marque d'avoir été dans un grand feu. L'admiration & la surprise de l'hôtesse furent si grandes de voir cette piéce si miraculeusement conservée dans ce grand feu, qu'elle n'osa du dépuis la toucher comme elle avoit fait auparavant ; mais se contentant de la baiser plusieurs fois, demanda pardon à l'étrangere de l'outrage qu'elle avoit reçu en sa maison, l'invitant d'y demeurer autant qu'elle le souhaiteroit sans aucune dépense. Ce qu'elle refusa, & reprit le lendemain le chemin de son Pays, après avoir pris des attestations suffisantes de ce que deſſus : Peu de jours après elle arriva à Salins heureuſement, lieu de ſa demeure & de ſa naiſſance, où elle fit voir ce petit tréſor qu'elle conſervoit avec tant de ſoin. La paſſion qu'elle avoit d'employer dignement cette piéce de bois, la fit paſſer à Saint Claude où elle s'adreſſa à un Sculpteur, nommé Jean Labranche, qui lui fit de cette piéce de bois une Image de la Mere de Dieu, que cette femme fit benir par Monſeigneur de Rye, alors Archevêque de Beſançon, ainſi qu'il ſe reconnoît par un Certificat ſigné de la main de venerable & diſcrette perſonne Meſſire Pierre Monthot, Chapelain du Seigneur Archevêque, daté du Château de Montron le quatre Avril mil ſix cent treize. L'intention de cette femme étoit de faire venerer cette Image en quelque Egliſe : en effet elle la preſenta à pluſieurs Religieux qui n'en firent aucun état, & la refuſerent, ne voulant ajouter foi à tout ce que diſoit cette femme, ni à toutes les atteſtations de ce qui étoit arrivé à Vitry : mais Providence que vous êtes admirable ! cette Figure trouvera dans ſon tems un lieu où un nombre inombrable de Peuples de toute ſorte de Royaumes, de Provinces & de Villes viendront fondre à ſes pieds, où les incurables trouveront de promptes guérisons ; les corps travaillés du malin esprit, leurs délivrances ; le Comté de Bourgogne après les guerres d'une longue durée, son repos & sa tranquilité ; les afligés, leur consolation ; & la Ville de Gray, son bonheur & son plus riche trésor.

Cependant Damoiselle Jeanne Bonnet qui possedoit cette Image, crut qu'il falloit la mettre en d'autres mains que les siennes pour la conserver dignement : en effet elle s'avisa en l'an 1614. d'en faire present à Madame Rose de Bauffremont fille d'Illustre, Haut & Puissant Seigneur Jean de Vienne, Marquis de Listenois, & femme de Messire Jerôme d'Achey, alors Gouverneur de la Ville de Gray : cette sage & vertueuse Dame l'accepta avec bien du plaisir, la mit en son Oratoire, & du dépuis lui rendit tous les devoirs que l'on est obligé de rendre à la Mere de Dieu. Mais grand Dieu ! ce n'est pas encore le lieu où vous destinez cette précieuse Figure pour faire éclater votre toute-puissance, & pour faire connoître l'honneur que vous voulez que l'on rende à cette Mere cherie ; il ne faut que les enfans du Seraphique S. François pour être les gardiens & les possesseurs d'un si riche tréfor. La fainteté de leur vie, leur détachement fi folemnel des biens de la terre, les continuelles aplications à chanter vos loüanges, & toutes les faintes auftérités qu'ils pratiquent en leurs folitudes, vous prefentent celle de Gray pour être la dépofitaire de cette Image, qui fera tant d'éclat fur la terre, puifque l'un des Religieux de cet Ordre, nommé Pere Gabriël d'Apremont, faifant à certains jours de l'an 1617. une vifite de refpect à Madame d'Achey, qui tenant cette riche figure dans fon Oratoire, la lui montra par rareté ; mais ce Religieux Capucin après l'avoir long-tems admirée, invita cette Dame de la lui donner pour la mettre dans la Chapelle du Couvent de Gray où il étoit de famille, difant qu'elle y feroit mieux réverée qu'en tout autre lieu ; à quoi cette Dame repliqua que ce que le bon Pere difoit, étoit vrai ; mais que la forte inclination qu'elle avoit de fe conferver cette Image, l'obligeoit de la lui refufer. Ce bon Religieux infpiré du Ciel, redoubla fes inftantes prieres, & la Dame fortement perfuadée que cette Image feroit plus honorée dans cette Eglife que dans fa maifon, la lui accorda, à condition néanmoins que toutes les fois qu'il entreroit dans cette

Chapelle, où il prétendoit la reposer, il diroit le *Salve Regina*, à l'intention de celle qui lui avoit fait un si riche Présent.

Vous voulez donc, Auguste Reine du Ciel, préferer la pauvreté de Saint François à la magnifique maison d'un grand Seigneur ; les Villes, les Palais des Grands & les lieux de plaisirs ne sont point vos agréables séjours ; & vos Courtisans seront désormais des pauvres pieds nuds ; la cour qu'ils vous feront, sera le sujet de vos charmes, puisqu'il vous a plû choisir cette sainte Solitude, pour y reposer votre Image dépuis 130. ans, & qu'elle est encore aujourd'hui l'endroit qu'il faut chercher pour vous plaire & gagner votre cœur : Voilà pourquoi dès le moment que cette Image y fut reposée, l'on a connu comme l'on fait présentement en cette Eglise, où se trouve cette fameuse Chapelle, comme une Cité de refuge, & canal d'où découlent les graces & les remedes infaillibles à tous nos maux. Ce qui se reconnoit par les informations prises en l'an 1623. par un Homme de distinction & de très-grand mérite, qui voulut bien se commettre à rechercher non-seulement par tous les lieux du Comté de Bourgogne

& des Provinces voisines, ceux qui ayant recouru à cette Image miraculeuse, & rendu leurs vœux, en avoient reçu des graces qui ne se pourroient jamais assez admirer ; de maniere que ce Commis rempli de zéle pour la gloire de la Mere de Dieu avoit parcouru la Lorraine, la Bresse, tout le Duché de Bourgogne & le Lyonnois, pendant l'espace de trois mois, faisant une exacte recherche par des informations très-insignes des Miracles qu'il a plû à Dieu operer par les mérites de sa Sainte Mere sur les personnes des lieux ci-dessus spécifiés, qui ont reçu des graces ayant recouru à MARIE dans cette Sainte Chapelle, lesquelles examinées & oüies en toute formalité de Justice, les ont confessées & déclarées par serment, en presence des Notaires, des Srs Curés, Echevins & Officiers de Justice de chaque lieu, qui se sont soussignés, dont les Actes en sont revêtus, comme il se reconnoîtra sur les Originaux remis dépuis dans les Archives du Couvent des Révérends Peres Capucins de la Ville de Gray qui les avoient aussi presentés au Conseil Archiépiscopal de Besançon pour les aprouver, lesquels ont été examinés par Commissaires choisis & députés par Monseigneur l'Illustrissime & Révérendissime Archevêque de Besançon.

Il y a un nombre infini de Miracles arrivés du depuis, qui seroient trop longs à raporter, & qui ne pourroient être contenus dans ce petit Livre; c'est pourquoi on invite les Peuples d'avoir recours dans leurs afflictions à cette Mere de Dieu, & elle les consolera, leur donnera les graces nécessaires pour leur salut, & leur procurera la récompense promise aux Elûs.

ORAISON.

A NOTRE-DAME DE GRAY, afin d'obtenir sa conversion, & la grace finale pour soi & pour sa famille.

TRE'S-AUGUSTE MERE de Dieu, qui écoutez dans cette Ste Chapelle de Gray, les prieres de tous ceux qui implorent votre secours, obtenez-moi le pardon de mes péchés: Je les déteste de tout mon cœur, avec un sensible regret de les avoir commis, dans la résolution de plûtôt mourir, que d'y jamais tomber. Si ceux qui vous ont invoqué avec confiance, dans quel endroit du monde qu'ils fussent, ont obtenu leurs demandes: J'espere de votre bonté maternelle, que tout misérable pécheur que je fois, prosterné devant votre Image miraculeuse, vous ne me refuserez pas cette grace. Vous êtes mon unique esperance après JESUS-CHRIST, qui vous a donné le pouvoir de faire tant de prodiges dans cette Eglise que vous avez renduë si célébre par les graces continuelles qu'on y reçoit ; puisque personne n'en sort sans avoir obtenu quelques faveurs : Vous y consolez les affligés, vous y guérissez les malades, vous obtenez la conversion des pécheurs, vous procurez la persévérance aux Justes, & la vocation aux jeunes gens. Je vous prie de guérir les maladies de mon ame qui sont les plus dangereuses, puisqu'elles me conduiroient à une mort éternelle ; accompagnez cette premiere grace d'une seconde, en me soulageant dans les incommodités de mon corps dont je suis affligé. Si c'est pour mon salut que je les souffre, procurez-moi la patience de les suporter, afin de satisfaire à tous les péchés de ma vie passée. Je ne cesserai jamais de vous invoquer, Vierge Sainte, puisque j'ai fait mille fois l'expérience de vos bontés : Je vous promets par reconnoissance de prendre vos interêts en main dans l'occasion, & de publier toujours vos loüanges. Je voudrois moi seul vous à Notre Dame de Gray.

pouvoir loüer dans tous les momens de ma vie autant que vous l'avez été, & que vous le serez pendant toute l'éternité. Souffrez encore, très-puissante Reine du Ciel & de la Terre, qu'animé d'une vive confiance, & prosterné devant votre Image miraculeuse, je vous prie avec toute la tendresse de mon cœur d'obtenir de Dieu la grace finale pour moi & pour tous ceux qui composent ma famille, afin qu'il n'y en ait aucun de damné, & que nous puissions tous ensemble vous voir un jour dans le Ciel, & après Dieu vous remercier de notre Prédestination pendant toute l'Eternité. Ainsi soit-il.

ORAISON A LA SAINTE VIERGE
pour obtenir une sincere Conversion.

C'EST à vous, Vierge sainte, que je m'adresse avec une entiere confiance, tout indigne que je suis de vos bontés. Je sçai que j'ai besoin d'une puissante protection auprès de Dieu, & que je la trouverai sûrement en vous. Enfin le tems est venu qu'il faut penser sérieusement à me convertir, ou prendre la funeste résolution de m'exposer à un danger évident d'être éternellement damné. La multitude & l'énormité de mes péchés, la patience prodigieuse avec laquelle Dieu si griévement & si opiniâtrément offensé, a soutenu ce vase de colere ; les jours de salut & de bénédictions qui aprochent, les mouvemens intérieurs que je sens & qui sont manifestement la voix du Pasteur qui rapelle la Brebis égarée, me doivent convaincre que si je ne retourne à lui par une sincére pénitence, je risque de ne le pouvoir plus, d'être abandonné à la rage des démons, & de porter éternellement tout le poids des vengeances d'un Dieu méprisé.

 Cependant, Sainte Mere de mon Sauveur, tout l'Enfer s'opose à mon bonheur, il fait des efforts extraordinaires pour m'empêcher de céder aux bontés de Dieu & de sortir de la cruelle servitude dans laquelle je gémis depuis tant de tems. Mere de miséricorde, me laisserez-vous sans apui dans un besoin si pressant de votre secours ? Vous pouvez tout auprès de Dieu, puisque vous en êtes la Mere. Obtenez-moi, ô la meilleure de toutes les meres ! une horreur du péché, une douleur de l'avoir commis, une ferme volonté de ne le plus commettre, & une résolution efficace d'en fuïr l'occasion ; enfin un désir de réparer mes crimes par une Confession parfaite & une sincére pénitence. Ainsi soit-il.

MIRACLE

ARRIVÉ
EN L'EGLISE
DES RR. PP. CAPUCINS
DE LA VILLE DE GRAY.

ANTOINE-PIERRE DE GRAMMONT, par la grace de Dieu & du Saint Siége Apostolique, Archevêque de Besançon, Prince du Saint Empire, &c. Sçavoir faisons : Que sur les avis que nous avons reçus des Révérends Peres Capucins du Couvent de la Ville de Gray, & des Religieuses Ursulines non-cloîtrées de la même Ville, que dans l'Eglise dudit Couvent, où est gardée l'Image miraculeuse de la Très-Sainte Vierge Mere de Dieu, il s'y étoit fait une guérison extraordinaire en la personne de Sœur Pierrette-Béatrix Hugon, Religieuse Ursuline du Monastere de ladite Ville, le vingtiéme jour du mois d'Août de l'an present 1689. Nous aurions donné commission au Sieur Broch, Prevôt en la Chapelle Royale dudit Gray, & notre Doyen dans ce même Décanat, de prendre une information juridique du susdit fait & de toutes ses circonstances ; laquelle Nous ayant été renvoyée dans les formes ordinaires, Nous avons reconnu par les dépositions de vingt-neuf témoins, dont elle est composée, tous gens de probité & dignes de foi, entre lesquels sont des Docteurs en Médecine, & des Chirurgiens qui ont vû & traité ladite Sœur Pierrette-Béatrix, pendant le cours de sa maladie, qu'elle a été arrêtée dans le lit, l'espace de huit mois, par une fiévre accompagnée d'autres maux très-fâcheux, qui lui causoient des douleurs extrêmes en divers endroits de son corps, particulierement au côté droit, où l'on a crû qu'elle avoit un abcès : ce qui auroit été suivi d'une paralisie, de laquelle ladite Sœur seroit demeurée percluse de ses membres depuis la ceinture en bas, ne pouvant marcher, ni se soutenir sur ses pieds : De maniere que ses douleurs s'augmentant tous les jours, on ne pouvoit la tirer de son lit sans qu'elle tombât en foiblesse ; & encore qu'elle ait été vûe de plusieurs sçavans Médecins, &

de Notre-Dame de Gray. 19

pris quantité de remedes par leurs avis & ordonnances ; ses maux néanmoins s'augmentoient plûtôt que de diminuer, & étoient tenus pour incurables : Ainsi ladite Sœur voyant que les remedes humains lui étoient non-seulement inutiles, mais encore nuisibles, elle eut recours aux Divins, & fit vœu d'aller chercher sa guérison auprès de la Mere de miséricorde, & la Consolatrice des affligés, dont l'Image miraculeuse est depuis long-tems révérée dans l'Eglise des RR. PP. Capucins de ladite Ville de Gray. A cet effet, elle avoit prié le Sieur Avocat Hugon son pere de l'y faire porter, lequel désirant de satisfaire à sa dévotion, fit équiper une caléche, pour l'y conduire le Samedi vingtiéme du mois d'Août dernier ; dans laquelle étant entrée avec beaucoup de peine, accompagnée de son Infirmiere, elle fut suivie de quelques Religieuses, des Sieurs ses Pere & Mere, & de plusieurs autres personnes séculieres : Mais elle ne fut pas plûtôt hors des portes de ladite Ville, qu'elle tomba en foiblesse, & perdit toute connoissance ; de sorte qu'étant arrivée à l'entrée du Convent des Peres Capucins, on la tira de la caléche à demi morte, & fut portée par deux femmes dans une Oratoire qui est proche de la Chapelle où repose l'Image de la Très-Sainte Vierge, où ayant été posée sur un fauteüil, elle paroissoit privée de sentiment, & si abbattuë, qu'elle ne pouvoit soutenir sa tête, qui demeura panchée sur sa poitrine, pendant qu'un Pere Capucin célébroit la Sainte Messe en ladite Chapelle, à la fin de laquelle on pria le même Pere d'aporter à la Malade l'Image miraculeuse pour l'en toucher, comme il fit ; & la lui ayant donné à baiser, elle ouvrit aussi-tôt les yeux, & recouvrit la parole, disant avec un visage gay : *Sainte Vierge, que vous êtes belle !* mais incontinent après elle retomba en défaillance, & dans des convulsions si violentes, qu'elle attiroit la compassion & les larmes de tous les Assistans. Ce qui obligea son Infirmiere à demander aux Peres Capucins un matelas pour la coucher & lui procurer quelque soulagement, quoique sans fruit, puisque ses douleurs s'accrurent si fort, qu'elles lui faisoient jetter des cris qui furent entendu par toute l'Eglise, assûrant pour-lors ladite Sœur Béatrix, qu'elle n'avoit rien souffert de semblable dans le cours de sa maladie. Après avoir de-

de Notre-Dame de Gray.

meuré en cet état environ une heure & demie, elle demanda de baiser l'Image miraculeuse ; & comme on lui dit qu'elle l'avoit déja baisée, elle répliqua qu'elle ne s'en souvenoit pas : Ainsi pour contenter sa dévotion, on pria un Pere Capucin de la lui aporter, qui lui en ayant donné la bénédiction, & touché son front, sa bouche & sa poitrine, elle s'écria aussi-tôt : *Sainte Vierge, vous m'avez guérie, je veux vous suivre.* Et en même tems elle se leva de dessus son matelas sans assistance de personne, & suivit le Pere Capucin qui reportoit l'Image miraculeuse dans la Chapelle, où elle se mit à genoux sur le marchepied de l'Autel, & y demeura sans apui pendant que l'on récita les Litanies de la glorieuse Vierge, le *Te Deum*, & autres Prieres, en action de graces du bienfait qu'elle venoit de recevoir ; à la fin desquelles le Révérend Pere Gardien dudit Couvent étant arrivé à l'Eglise, il l'invita de marcher par la Chapelle en presence des Assistans, ce qu'elle fit avec beaucoup de facilité & sans peine ; ensuite elle repassa dans l'Oratoire, & dès-là à la premiere porte du Couvent, après avoir traversé deux cours sans être soutenuë ni aidée de personne ; elle étoit même disposée de retourner à pied à la Ville, si on ne l'eût obligée de rentrer dans la caléche qui l'avoit amenée, où elle monta seule & sans peine. Etant arrivée en son Monastere, elle entra dans l'Eglise, où les Religieuses étoient assemblées pour y rendre de nouvelles actions de graces à Notre-Seigneur & à sa Très-Sainte Mere ; depuis lequel tems elle s'est toujours trouvée dans les Exercices de la Communauté comme une autre Religieuse ; & ce même jour elle reconduisit jusqu'à l'entrée de la Maison plusieurs personnes qui lui firent visite. Enfin pour donner une preuve entiere de sa guérison, aussi bien que de sa gratitude envers Dieu & la Très-Sainte Vierge, elle commença une Neuvaine en la susdite Eglise des Peres Capucins, éloignée de la Ville d'environ cinq cens pas, où elle fut à pied neuf jours consécutifs, même pendant des tems assez fâcheux, sans en avoir reçu aucune incommodité. Tous lesquels faits ayant été pleinement vérifiés par ladite information, & soigneusement examinés dans notre Conseil Archiepiscopal, Nous avons jugé être de notre soin Pastoral, de faire connoître à tous les Fidéles les merveilles que Dieu

de Notre-Dame de Gray.

veut bien operer en nos jours par sa très-sainte Mere, en faveur de ceux qui ont une entiere confiance & une vraye dévotion en son endroit, pour nous obliger à lui rendre de nouveaux honneurs, & confondre l'obstination des Hérétiques de ce tems, qui refusent de reconnoître le pouvoir que la glorieuse Vierge & les Saints qui sont dans le Ciel, ont auprès de lui. De même que pour confirmer les peuples de cette Province dans la foi de la réelle presence de Notre-Seigneur Jesus-Christ au Très-Saint Sacrement de l'Autel, il opera ce célébre Miracle dans l'Eglise Abbatiale de Faverney, à la vûë de neuf ou dix mille personnes, dont la relation a été donnée ci-devant au Public. Celui-ci nous donne occasion d'inviter tous les Peuples de notre Diocèse d'avoir recours à cette puissante Reine du Ciel & de la Terre, qui témoigne vouloir être particulierement honorée dans l'Eglise des Révérends Peres Capucins de la Ville de Gray, lui adressant leurs vœux & leurs prieres, non-seulement pour leurs nécessités particulieres, mais encore pour celles de toute l'Eglise & des Peuples Chrétiens ; & afin que ceux de notre Diocèse soient davantage animés à la vénération & à la pieté en-

Miracle de N. D. de Gray.

vers cette Auguste Mere de Dieu, Nous accordons chaque jour à tous ceux & celles qui réciteront à son honneur, trois fois le *Pater* & l'*Ave Maria*, aux fins ci-dessus proposées, quarante jours d'Indulgences pendant sept ans. Permettant que le susdit Miracle soit publié en notre Diocèse, & imprimé. Donné à Besançon en notre Palais Archiépiscopal le douze Octobre mil six cens quatre-vingt-neuf.

† ANTOINE-PIERRE,
Archevêque de Besançon.

Par Ordonnance de Mondit Seigneur,
J. G. AMEY.

www.ingramcontent.com/pod-product-compliance
Lightning Source LLC
Chambersburg PA
CBHW060605050426
42451CB00011B/2100